1397

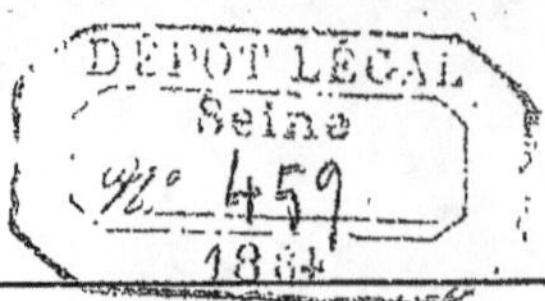

RÉPONSE

AU

DISCOURS DE M. THIERS

(Séance du Corps législatif du 11 janvier)

PARIS

E. DENTU, LIBRAIRE-ÉDITEUR

PALAIS-ROYAL, 17 ET 19, GALERIE D'ORLÉANS

1864

RÉPONSE

DISCOURS DE M. THIERS

(Séance du Corps législatif du 11 janvier)

PARIS

E. DENTU, LIBRAIRE-ÉDITEUR

PALAIS-ROYAL, 17 ET 19, GALERIE D'ORLÉANS

1864

PARIS, IMPRIMERIE DE JOUAUST ET FILS, RUE SAINT-HONORÉ, 338.

RÉPONSE

AU

DISCOURS DE M. THIERS

I

Quelle est la meilleure forme de gouvernement? Voilà une question qui, depuis Platon et Aristote, n'a pas cessé d'être à l'ordre du jour, et dont les différentes solutions, tant en théorie qu'en pratique, n'ont que trop fréquemment souffert de la même faute, c'est-à-dire, précisément de celle qui s'attache à la question même. Car, dans sa vaste et vide généralité, la question est entièrement illégitime. Véritablement, peut-on s'imaginer qu'il soit possible d'esquisser; même en des contours les plus généraux, la forme idéale de gouvernement applicable à toutes les nations, sans égard aux nombreuses différences qui distinguent les individualités nationales, sans égard au point auquel chaque nation est arrivée dans sa carrière de développement, sans égard à la mission qu'une nation a reçue dans la vie commune des nations? Non, une pareille erreur n'a pas besoin d'être discutée, il suffit de l'avoir signalée. Cependant, il n'y a pas d'erreur qui ne s'appuie sur une vérité; ce n'est que dans les vérités que les erreurs ont leur source vitale. Mais il n'est pas difficile de découvrir celle sur laquelle s'appuie l'erreur que nous venons de signaler. La voici :

Comme l'homme, malgré toutes les différences individuelles, conserve toujours les qualités et les facultés qui constituent l'idée de l'humanité, on a pensé pouvoir déduire de celles-ci, dans leur généralité, les lois et les principes selon lesquels une société d'hommes doit être gouvernée. Voilà une vérité bien incontestable. Seulement, on ne semble pas s'être aperçu d'une circonstance bien importante, savoir, que ces qualités et ces facultés qui constituent l'idée de l'humanité n'existent, originairement, que comme des possibilités, ou, pour parler la langue des philosophes, qu'elles ne sont que virtuelles, et que ce n'est qu'en se développant qu'elles deviennent actuelles et réelles. Or, comme ce développement s'effectue sous des conditions plus ou moins différentes, il modifie, c'est-à-dire, il individualise les qualités et les facultés constitutives. Il faut, par conséquent, établir ces lois et ces principes dans une telle généralité, qu'ils n'aient que très-peu de contenu, moins encore que ce qu'il semble avoir jamais été reconnu. Pour compléter ce contenu, il faut se représenter une individualité nationale *donnée*, à un point *donné* de sa carrière de développement, sous des circonstances intérieures et extérieures *données*.

Voilà des données bien différentes par rapport à des nations différentes. Par conséquent, si toutes les nations avaient la forme de gouvernement la plus convenable pour chacune, il en résulterait une multitude de formes de gouvernement, plus ou moins différentes, même d'une très-grande différence. Dans toutes celles-ci, la volonté raisonnable de la nation aurait son organe ou ses organes ; mais ceux-ci, aussi bien que les manières dont se prononce et s'exécute par eux la volonté nationale, seraient d'une grande différence. Voilà des vérités qui se sont fait valoir, même dans l'antiquité, sans que l'on en ait eu la conscience claire et distincte. Ainsi la dictature, établie dans la république romaine, était fondée sur la reconnaissance que les organes de la volonté nationale, convenables sous des circonstances ordinaires, étaient insuffisants dans des circonstances qui exigent une action plus concentrée. De telles circonstances n'étant plus passagères, mais étant devenues permanentes, la dictature, originairement de six mois, s'est changée en une dictature permanente. Que l'ambition des hommes d'État romains ait contribué à ce changement, personne ne le conteste. Mais nul historien, digne de ce nom, n'en cherchera là la cause principale ; il n'y trouvera que des phénomènes favorables, sous lesquels une crise fondée sur une nécessité intrinsèque s'est réalisée. On ne soutiendra pas non plus que tous les personnages qui, dans des occasions semblables, jouent un rôle principal, ne se laissent entraîner que par leurs passions. Chaque historien consciencieux reconnaîtra qu'il y a parmi ceux-là aussi des esprits éminents qui, pénétrant du regard du génie le développement historique dans son essence intérieure, et identifiant leurs tendances personnelles avec les exigences de leur époque, poursuivent ainsi le but vers lequel le développement de la nation se dirige. De tels hommes de génie, qui ont, pour ainsi dire, absorbé l'idée qui se réalise par le développement national, et qui sont devenus en quelque sorte l'incarnation de cette idée même, ces hommes se présentent, dans l'histoire, entourés d'une auréole dont l'éclat, sortant de l'intérieur, brille par lui-même, et non pas comme un reflet emprunté à la couronne d'un prince ou d'un héros qui décore leur tête. Parmi ces personnages vraiment historiques, je crois qu'il faut compter Jules César et les deux Napoléon.

Les événements ont suffisamment prouvé que le caractère de la nation française et les directions qu'en a prises la vie sociale, conjointement avec les problèmes importants soumis à la solution de la nation, bref, tout ce qui constitue ses besoins politiques, fait, au moins présentement, que le gouvernement parlementaire ne saurait fonctionner avec succès. Cette assertion, appuyée sur un appel à des événements bien connus, je l'expliquerai ultérieurement.

L'expérience a bien prouvé, il me semble, qu'un tel système de gouvernement, avec ses attributions de liberté de presse et de publicité complètes, exige, comme condition de son action salutaire, une modération et un sang-froid qui n'entrent pas dans les qualités de la nation française. Que l'on compare, pour s'en convaincre, l'ordre et la tranquillité qui règnent dans les séances du storthing norvégien, et, à quelques exceptions près, dans celles des chambres du Parlement anglais, avec les scènes tumultueuses qui avaient lieu fréquemment dans les chambres françaises, et qui ne trouvaient que trop souvent leur continuation dans le bois de Boulogne, et dont le résultat était quelquefois des combats de barricade et des révolutions. Quand on a vécu parmi la nation française, on s'explique aisément ce phénomène. Par la vivacité naturelle de la nation, une discussion s'anime presque toujours jusqu'à devenir extrêmement passionnée. Je ne parle pas ici de personnes dont l'éducation n'a pas été assez bien soignée ; mais, même dans des réunions de personnes bien élevées, appartenant à la meilleure société, j'assistais souvent à des scènes dont on se serait scandalisé chez nous.

Des scènes semblables sont fréquemment occasionnées par les sujets les plus fu-
tiles. Couper la parole à quelqu'un, parler plusieurs à la fois, voilà des phénomènes assez ordinaires à toutes les conversations auxquelles participent plusieurs personnes. Même dans une conversation de tête-à-tête, où il n'y a pas d'auditoire pour
stimuler l'amour-propre, un Français n'a que rarement assez d'empire sur lui-
même pour entendre jusqu'à la fin ce que son interlocuteur veut dire. Eh bien, je
connais, il est vrai, des exceptions, exceptions bien aimables, quoique peu nombreuses ; mais ce sont des hommes d'un âge avancé, ce sont pour la plupart des
savants , ce sont des hommes dont la position exige principalement de la tranquillité d'âme et de la modération , et voilà ce qui explique facilement ces exceptions. Ce qui est ordinaire , c'est qu'une conversation où se rencontrent des
opinions opposées est toujours conduite avec vivacité et passion , et personne
ne contestera, ce que l'expérience prouve suffisamment, que ce sont là des qualités extrêmement défavorables à une assemblée discutant en public. Voilà une
observation qui serait peut-être applicable à toutes les nations de la race romaine. Si des exemples, tirés des cortès espagnoles, et les violences qui accom-
pagnent presque toutes les crises ministérielles en Espagne, confirment cette
assertion, on pourrait, j'en conviens, de l'autre côté, chercher de l'assemblée lé-
gislative de l'Italie un exemple pour la combattre. Mais dans cet État constitutionnel de nouvelle date , il y a bien des motifs d'union et de concorde tout par-
ticuliers. Quoi qu'il en soit, voilà certainement une des circonstances dont plusieurs concourent ensemble au résultat que j'ai indiqué.

L'esprit français est extrêmement frondeur. Voilà un trait du caractère national si français qu'il ne peut que difficilement s'exprimer dans une autre langue. Il consiste dans une disposition à blâmer, à critiquer, à railler, à ridiculiser,
même à combattre toute autorité, en tant qu'elle cherche son appui dans la promptitude volontaire du peuple à lui obéir et à s'y soumettre. Le peuple ne veut pas
obéir à l'autorité par le seul motif que cette obéissance est un devoir civique , il
ne veut pas la respecter seulement pour se respecter par là lui-même ; mais il
veut y être porté par la considération que cette autorité est forte, et, par sa force,
respectable. Dans le caractère national il y a une forte tendance centrifuge, à
laquelle la nation n'est pas disposée à renoncer, tandis qu'elle se résigne volontiers à voir cette tendance contrebalancée par un gouvernement doué d'une force
centripète suffisante. Le peuple ne veut pas, par une obéissance volontaire,
transmettre, pour ainsi dire, journellement, sa souveraineté à l'autorité qui le re-
présente ; il préfère s'en départir tout d'un coup, si complétement que son représentant puisse contraindre tout le monde à l'obéissance et au respect. Il y a peut-
être au fond un sentiment de pur égoïsme. Si, moi, j'obéissais spontanément,
pense-t-on , il se pourrait que j'obéisse tout seul, ce que je ne veux pas. Que
tout le monde soit contraint à l'obéissance, et moi aussi j'obéirai. Voilà la pensée, ni avouée ni avouable, sur laquelle cet esprit frondeur nous semble être
fondé. Mais, quoi qu'il en soit, c'est un trait saillant du caractère national , qui
se manifeste d'une manière remarquable , même parmi la jeunesse. Parmi
la jeunesse norvégienne ou allemande , un professeur qui se présente dans sa
classe avec cet aplomb que lui donne la conscience de ses capacités et de
sa dignité , et qui est si propre à imposer au jeune âge , maintiendra aisément,
sans aucune mesure spéciale, la discipline nécessaire. Aussi dans un lycée
français, ces qualités essentielles, même indispensables, exercent leur effet,

mais seulement dès que les élèves ont appris que le professeur fait inexorable-
ment sortir tout élève manquant à la discipline (1). Le professeur a-t-il une seule
fois fait voir qu'il a la conscience de son pouvoir, et qu'il sait, le cas échéant, en
faire usage avec une conséquence inflexible, les élèves lui obéiront, l'estimeront,
le respecteront, l'aimeront, selon ce qu'il vaut; autrement, ils le négligeront, fût-
il l'homme le plus respectable sous tous les rapports. Le Français n'obéit qu'à
une autorité qui sache, en cas de besoin, le contraindre à l'obéissance; mais
alors il obéit, et il obéit bien et volontiers. La faiblesse est méprisée, quelle
que soit son origine, même si elle provient d'une bonté de cœur naturelle.
« L'Empereur ne se laissera pas expulser comme ses deux prédécesseurs. »
Voilà l'épilogue triomphant par où on finissait toujours, lorsqu'on s'était épuisé
en éloges sur ses qualités éminentes. Et, chose étrange, j'ai assez souvent en-
tendu cette exclamation précisément par des personnes qui se vantaient d'avoir
contribué à l'expulsion de ces deux rois. N'est-il pas évident que ce trait du caractère national doit être très-défavorable à l'établissement de la forme de gouvernement que l'on a, d'une expression anglaise assez significative, appelée *selfgovernment*.

Un peuple, tandis qu'il ne s'est presque jamais opposé à l'autorité publique,
possède un fort penchant pour y obéir, lequel contribue beaucoup à le rendre
capable de se gouverner lui-même. Mais, s'il a déjà tenté à plusieurs reprises
de s'opposer à l'autorité publique, et qu'il ne l'ait pas seulement tenté, mais
qu'il ait même vu sa tentative couronnée de succès, alors il est pris d'un esprit
de révolte qui, pour être réprimé, exige un gouvernement extraordinairement
fort. De même que le corps humain plusieurs fois pris d'une maladie quel-
conque est plus susceptible de la même maladie, et, pour l'éviter, a besoin
d'un régime plus rigoureux, de même le corps social, lorsqu'il a été à plusieurs
reprises attaqué de l'esprit de révolte, qui est pour lui une maladie bien dange-
reuse, y retombe plus facilement et a besoin d'un régime fort et fortifiant. Si, en
Norvége, on voulait tenir des propos sur des éventualités qui pourraient causer
une insurrection, une révolution, l'auditoire en serait épouvanté, non parce que
l'on courrait le moindre risque en tenant de semblables propos, non plus parce
que tout le monde reconnaît que de tels événements peuvent être regardés
comme étant presque hors de la possibilité, mais parce que la seule pensée
d'une insurrection est si complétement hors de la portée du peuple, qu'elle ne
fut pas même manifestée par une seule personne, lorsque, il y a trente-quatre
ans, les habitants de la capitale étaient extrêmement irrités et provoqués par un
abus violent et inouï de l'autorité publique. Voilà une nation faite pour des institutions républicaines, pour le *selfgovernment*. Qu'on compare avec lui la nation
française. Je ne veux pas parler ici des émeutes, des révoltes qui ont, dans des
époques antérieures, contribué à affaiblir, sinon à anéantir toute tendance à l'obéissance. Mais considérons seulement les dernières générations qui ont été pour
ainsi dire élevées sous des révoltes, sous des combats de barricades, sous des révolutions, dont tout le monde parle comme d'événements tout à fait ordinaires,
tandis qu'on regarde presque comme ridicule de s'imaginer que leur temps serait
passé. N'est-il pas évident que des circonstances pareilles rendent la nation inca-
pable d'institutions républicaines, d'un *selfgovernment*? N'est-il pas aussi clair

---

(1) J'en ai fait moi-même l'expérience, en remplaçant pour quelques mois un professeur au
lycée impérial de Marseille.

que la lumière du soleil qu'une telle nation a besoin d'un gouvernement doué d'un pouvoir fort concentré?

Ajoutez à cela cette brûlante soif de l'or, cet ardent désir de jouissances matérielles qui domine en France. Cette idolâtrie des choses matérielles est en général, sans doute, la plaie gangréneuse de notre siècle ; mais un culte du veau d'or, pareil à celui qu'on lui rend ici, voilà ce dont, certes, nous n'avons pas même l'idée. Cela va jusqu'à une confusion totale des notions les plus ordinaires. Riche et heureux, pauvre et malheureux, sont devenus des expressions à peu près synonymes. Il est bien vrai, on n'entend jamais émettre l'opinion, malheureusement par trop fréquente chez nous, qu'un homme riche n'ait pas besoin de faire bien élever ses enfants, parce qu'il a de la fortune à leur laisser ; au contraire, il entre dans la pensée de la nation qu'il faut qu'un père riche fasse donner à ses enfants la meilleure éducation, afin de les mettre en état de jouir de la fortune qui les attend. Mais, toujours, c'est la fortune que l'on regarde comme l'essentiel. Même les notions morales sont influencées par cette idolâtrie de la richesse. Lorsqu'une personne sans fortune n'a pas gardé l'argent qu'elle a trouvé, ou qu'elle a fait autrement acte de probité, tous les journaux l'annoncent comme si c'était un grand miracle ; mais personne ne crie au miracle lorsqu'un fripon millionnaire a commis de mauvaises actions pour ajouter à ses millions, pourvu qu'il ait été assez adroit pour éviter de tomber dans les cas prévus par le Code. — Tout le monde sait qu'en France le mariage n'est presque plus regardé comme une union fondée sur l'attachement mutuel des deux époux, mais trop souvent comme une affaire d'argent, dans laquelle la question principale et la plus importante est celle d'une égalité de fortune convenable. Un jeune homme qui a la perspective d'un emploi d'un revenu d'une couple de milliers de francs me demanda un jour si je ne croyais pas qu'il pourrait, dans une telle position, prétendre sans exagération à un parti de 50,000 francs, sans se douter le moins du monde que ce calcul pût me porter à concevoir une opinion défavorable de son caractère. Bref, de l'argent, et encore de l'argent! voilà ce à quoi toutes les pensées sont dirigées. La richesse, voilà l'essentiel, voilà tout. Mais qui ne sait pas que la tempérance et la frugalité sont des vertus républicaines, des qualités essentielles à une nation qui vivra sous des institutions plus ou moins républicaines? Ainsi, il n'y a rien de plus désavantageux à celles-ci que cette avidité insatiable d'argent.

Il est généralement reconnu que c'est dans la vie de famille que la vie publique a ses racines, dont elle tire sa nourriture. Ce n'est pas seulement un fait historique, que l'État a son origine dans la famille : plus que cela, la famille est à regarder comme l'élément qui forme continuellement le citoyen. Le soin de la sûreté et du bien-être de la famille pour le présent et pour l'avenir, les efforts pour assurer à sa postérité une position favorable, voilà ce qui identifie en quelque sorte l'intérêt du père de famille avec celui de l'État. Mais qui ne sait pas que la famille attache le citoyen à l'État, qu'elle est pour ainsi dire un otage qu'il a donné à celui-ci? Rien ne contribue autant à produire et à conserver cet esprit d'union si important à l'État, que le lien de famille, la vie domestique. C'est la vie de famille, rendue si intense par des institutions tutélaires et fortifiantes, qui produit en Angleterre cet esprit d'union, cette tendance à l'obéissance civique, qui rendent la nation anglaise si propre au *selfgovernment*, malgré tous les éléments destructifs qui se trouvent dans ce pays. Mais quelle est la situation à cet égard en France ? Qu'il y ait là aussi des familles dont les membres cherchent et trouvent tout leur bonheur dans la vie commune auprès du foyer domestique, voilà une chose dont on n'a pas besoin de se convaincre par l'expérience. La vie de famille est si naturelle à l'homme qu'elle ne peut jamais entièrement disparaître, quelles que soient les directions qu'ait prises la vie sociale. Pendant mon séjour dans ce pays, j'ai été assez heureux pour faire la connaissance de familles au milieu desquelles on respirait cette atmosphère pure, si propre à un véritable intérieur domestique. Même il me paraît que je ne me suis jamais aperçu d'une vie de famille aussi idéale qu'ici, soit qu'elle devienne plus idéale en présence de son contraste, ou que celui-ci exerce une action illusoire sur l'observateur. Car une vie saine de famille est bien une chose exceptionnelle, et on se convainc facilement que la vie sociale a pris une direction défavorable à la vie de famille. La grande multitude de cafés, remplis de monde jusqu'à minuit, que l'on trouve dans les plus petits villages aussi bien que dans les grandes villes, sont à cet égard caractéristiques. Là, l'homme, la journée finie, cherche la récréation qu'il cherche et trouve dans l'intimité domestique s'il y a une vie saine de famille ; là, il passe toutes les heures que le travail ne réclame pas ; là, il conduit aussi son épouse quand ils veulent se récréer ensemble. Même tout l'arrangement domestique du vulgaire n'est pas toujours calculé pour les délices d'une vie de famille. Sa demeure consiste le plus souvent en une seule pièce, mansarde ou arrière-boutique, en hiver froide et sombre, tandis que le café, resplendissant de glaces et de dorures, est bien chauffé et brillamment éclairé. Là, peut-être de la misère ; ici, le luxe, par lequel il s'imagine qu'il a les mêmes jouissances que le millionnaire dans sa demeure somptueuse. De même qu'ayant pris place sur les coussins d'un omnibus, il s'imagine avoir la jouissance d'un équipage, ainsi, étant assis à la table de marbre dans le café brillant, et servi par des garçons zélés, il se sent en possession d'un salon confortable et d'un nombreux domestique (1). Dans le café il se sent effectivement chez lui ; sa demeure n'est presque regardée par lui que comme son gîte pour la nuit.

Le mariage ne fait pas toujours supposer, comme chez nous, que l'entretien de la famille appartient exclusivement au père de famille, tandis que l'occupation de l'épouse se borne ordinairement aux affaires intérieures de la maison. Au contraire, celle-ci a très-souvent son état à elle, dont elle continue de s'occuper ; si elle n'en a pas, elle assiste son mari dans ses affaires, pourvu que celles-ci soient de nature à admettre une telle assistance. Si le mariage a des enfants pour résultat, on les met ordinairement en nourrice à la campagne. Il est inutile de dire combien ce genre de vie est défavorable à la vie de famille.

Tout cela est dit dans la supposition d'une vie conjugale. Mais comme le concubinat n'est pas défendu par le code français, des liaisons semblables ne sont que trop fréquentes, surtout dans les grandes villes ; et qu'un tel commerce soit encore plus défavorable à la vie de famille, en admettant même qu'il y soit compatible, n'est-ce pas assez évident pour qu'il n'y ait pas besoin d'une explication ?

Mais ne serait-il pas superflu de nous arrêter plus longtemps à cette matière ? La décadence de la vie de famille, en France, est un fait trop reconnu et trop

---

(1) Une illusion, — et, regardée de son vrai point de vue, je ne sais pas si l'on peut l'appeler une illusion, — par laquelle il trouve aussi sous ce rapport cette égalité dont il est tant engoué.

déploré pour que personne s'avise de le mettre en doute. Mais que cette décadence soit la chose la plus défavorable à ce qu'on appelle *selfgovernment*, je ne
pense pas que personne le conteste. Voilà pourquoi je me bornerai à signaler ici
la grande facilité avec laquelle des conspirations de toute espèce peuvent se
tramer dans les diverses réunions où l'on passe les heures qui devraient être
consacrées à la famille. Mais, lorsqu'il y a des éléments aussi destructifs, il faut
bien qu'il y ait un gouvernement doué d'un pouvoir très-étendu.

Mais ce n'est pas seulement le caractère national des Français et les directions
qu'en a prises la vie sociale, ce sont aussi les problèmes soumis à la solution de
la nation, la mission qu'elle a reçue, qui ont des exigences difficilement compa-
tibles avec un gouvernement purement parlementaire. Si je voulais traiter ample-
ment cette matière, j'excéderais de beaucoup les limites que je me suis tracées.
C'est pourquoi je me bornerai à deux réflexions, toutes les deux d'une grande
importance.

Tout le monde connaît les grandes complications qui ont résulté de la hauteur
étourdissante jusqu'à laquelle l'industrie moderne s'est développée. Que les problèmes sociaux qui en sont nés ne se laissent pas rebuter comme illégitimes,
voilà ce qui n'est point douteux. Mais, de l'autre côté, il n'est pas moins sûr que
l'application des théories par lesquelles on a songé à résoudre ces problèmes,
conduirait à la dissolution de tout ordre social. Avec calme et circonspection,
il faut en attendre, il faut en chercher la solution, et, certes, on la trouvera en
faisant attention aux indices que la vie pratique fournira successivement. En
attendant, il s'agit d'éviter et d'écarter les dangers auxquels des faiseurs de
théories exaltés sont toujours prêts à exposer la société. Cela se fait en Angleterre par cet esprit conservateur, par ce profond respect de ce qui existe, qui
caractérise la nation anglaise et la protége contre des secousses violentes. Ce
n'est pas de même en France. Le caractère national des Français est aussi dif-
férent de celui des Anglais que le ressort d'une montre diffère de son balancier.
La nation française est animée d'un infatigable effort pour faire des progrès,
qui, s'il n'est pas retardé et régularisé, entraîne aux égarements les plus dange-
reux. Les événements que nous avons vus en donnent des preuves on ne peut
plus suffisantes. Peut-on encore avoir le moindre doute qu'un gouvernement
fort et doué d'un pouvoir étendu est un besoin indispensable ?

Aussi, comme grande puissance européenne, la France a-t-elle reçu une
mission, celle de protéger, conjointement avec l'Angleterre, la civilisation contre
l'invasion de la barbarie (1). Mais l'Angleterre, demande-t-on, ne remplit-elle
pas cette mission sans renoncer au gouvernement parlementaire? Soit. Mais il
ne s'ensuit pas que la France aussi le puisse. Nous avons récemment vu combien
il est difficile à l'Angleterre de tirer l'épée pour intervenir énergiquement lorsque

(1) L'Allemagne aussi a reçu cette mission. Elle devait même avoir l'honneur de former
l'avant-garde de l'armée de la civilisation, tandis que les États scandinaves en formeraient
l'aile gauche, et l'Italie avec l'Espagne l'arrière-garde. L'Italie consolidée remplira assurément
sa mission, et la péninsule scandinave ne manquera pas une autre fois à la sienne, comme elle
le fit malheureusement pendant la guerre de Crimée. Mais cette chère Allemagne, qui jadis ré-
sista si vaillamment aux barbares, pourra-t-elle, dans son état actuel, remplir sa mission? Et
si ces braves Allemands, au lieu de s'associer à leurs généreux voisins occidentaux, au lieu de

les circonstances l'exigent. Si alors la France avait eu une forme de gouvernement pareille à celle de l'Angleterre, assurément Constantinople, à l'heure qu'il est, serait une ville russe, et la cause de la civilisation serait à moitié perdue. Plus il est difficile à l'une des puissances qui ont reçu cette mission d'intervenir l'épée à la main, plus il est important, même nécessaire, que l'autre ait une plus grande liberté dans ses mouvements. Ajoutez-y que l'Angleterre, en conséquence de sa situation insulaire, a ses plus grands moyens d'action dans ses forces maritimes, tandis que la France, aussi bien que les grandes puis-sances auxquelles elle aura éventuellement à faire front, est une puissance continentale, qui, à quelque degré que ses forces maritimes se soient développées, aura toujours sa force principale dans son armée. Que celle-ci, la plus brave et la plus intelligente de l'univers, puisse toujours être prête à marcher au combat contre l'invasion de la barbarie et du despotisme, voilà ce qui est de la plus grande importance pour la sûreté, pour le salut de tout le monde civilisé. Mais qui est-ce qui ne sait pas que le gouvernement purement parlementaire, à côté de ses grands et incontestables avantages, souffre d'une certaine lourdeur quant à son action au dehors, notamment lorsqu'il s'agit de tirer l'épée pour protéger les intérêts de l'État, soit matériels, soit idéals? Qu'en serait-il de l'Italie, si un plus lourd mécanisme de gouvernement avait empêché l'intervention énergique de la France? Si la paix n'a pas accompli tout ce que les armes des alliés avaient promis, si l'on entendait à cette époque tout Paris plaindre « la pauvre Vénétie », il y a incontestablement beaucoup de gagné, la puissance de l'Autriche en Italie étant rompue. Et certes l'auteur de *la Voix d'un cosmopolite* a parfaitement raison lorsqu'il présume que l'Empereur, en pénétrant de sa perspicacité le voile de l'avenir, a reconnu que la solution de la question italienne s'ensuivrait désormais d'elle-même. Aussi le peuple français ne suivit pas une fausse route quand, tout en plaignant les Vénitiens, il énonçait, avec son inébranlable confiance en l'Empereur, la conviction que des circonstances, que l'avenir révélera, l'ont empêché d'achever tout ce que lui aussi bien que la nation avaient désiré. « Puisque l'Empereur a fait la paix, — ce fut le langage que l'on tint alors partout, — la paix doit avoir été nécessaire; mais la France aura toujours une vaillante armée pour tirer l'épée quand on la provoquera. » La nation a raison, pourvu qu'elle ait doué son gouvernement d'un pouvoir suffisant pour agir avec promptitude.

Tout le monde connaît le rôle misérable que jouait la France, comme grande puissance européenne, pendant la Restauration aussi bien que pendant la monarchie de Juillet, combien sa voix était faible et impuissante, combien son amitié était peu estimée, combien ses menaces étaient méprisées! Que cela est bien autrement aujourd'hui! Quelle puissante voix n'a pas la France dans tous les rapports entre les grandes puissances! Si cette attitude respectable et respectée est, pour la plus grande partie, due aux éminentes qualités de Napoléon III, il est

fraterniser avec eux, en se rappelant que les Francohiens transrhénans aussi étaient sortis de la race allemande ou teutonique, si, comme frappés d'aveuglement, ils se complaisent dans une sorte de gallophagie fanfaronne, restera-t-il à leur beau pays un autre sort que celui du passé, que ce triste sort de fournir le champ de bataille où se décidera la cause de la civilisation? Je ne suis pas né Allemand; mais je me sens saisi d'une profonde tristesse lorsque, entendant ces rodomontades ridicules, je porte mes regards sur l'avenir de la patrie de mes ancêtres.

aussi hors de doute qu'elle n'est pas moins due au pouvoir étendu que la nation a confié à son premier représentant.

II

J'ai, dans la partie précédente, suffisamment prouvé, je l'espère, ce que je m'étais proposé, que le caractère de la nation française et les directions différentes qu'en a prises la vie sociale, conjointement avec les problèmes importants soumis à la solution de la nation, en un mot, tout ce qui constitue ses besoins politiques, fait qu'un gouvernement purement parlementaire serait impraticable. Mais, direz-vous peut-être, c'est faire le panégyrique du despotisme que de vouloir soutenir qu'il est avantageux, même nécessaire pour la France, ce berceau de la liberté.

Despotisme? Qu'est-ce que vous appelez ainsi? Est-ce cette organisation des tribunaux, ce système de droit, ces biens pour l'acquisition desquels d'autres nations qui ont un gouvernement constitutionnel, entre lesquelles aussi ma patrie, luttent encore? Ah! ce magnifique héritage du premier empire, les Français, même les partisans du gouvernement parlementaire les plus acharnés, ne le changeraient point contre l'état de droit qui a lieu chez nous, héritage du despotisme antérieur, en recevant comme prime d'échange une institution correspondante à notre storthing. Mais qu'est-ce que vous appelez despotisme? Est-ce cette liberté de culte, dont tout le monde jouit chez nous aussi, qui n'est pourtant pas encore aussi générale que l'on devrait s'y attendre à notre époque, pas même dans des États constitutionnels, mais qui en France est plus réelle à présent que sous le régime parlementaire? Qu'est-ce que vous appelez despotisme? Est-ce cette liberté industrielle que nous avons, nous aussi, mais après laquelle les Allemands et tant d'autres nations soupirent? Mais qu'est-ce que vous appelez despotisme? Est-ce cette liberté individuelle qui n'est nulle part plus grande qu'en France? Certainement, celui qui ne commet pas d'actions illégales n'est nulle part moins gêné par les autorités chargées de la surveillance de la sûreté générale. Je suis arrivé à Marseille par mer, le 1er mars 1858, remarquez-le bien; ce n'était que quarante-cinq jours après le 14 janvier : on ne m'a pas demandé mon passeport. J'ai séjourné là et dans les autres villes de la France méridionale, une année tout entière, j'ai traversé la France, en séjournant quelques mois à Paris. Pendant tous ces dix-huit mois, mon passeport norvégien resta tranquille dans mon portefeuille, sans être ni visé ni même produit. En passant la frontière belge, on me l'a fait produire, et à la frontière prussienne il a reçu son premier visa. Au contraire, que j'eusse fait à la même époque une petite excursion de Christiania à Copenhague, j'aurais eu, malgré toute notre liberté si fameuse, pour ne dire rien de celle des Danois, de la gêne et de l'ennui aussi bien que des dépenses relativement exorbitantes (1). Mais qu'est-ce, enfin, que vous appelez despotisme? Entendez-vous par cela que la *nation* a confié un grand pouvoir à son premier représentant, à son souverain? ou que le Corps législatif n'a pas les mêmes attributions qu'avait la Chambre des députés? Oui, c'est bien cela. Mais qu'était-ce que la Chambre des dépu-

---

(1) A présent il n'y en a plus, parce que, il y a trois ans, toute cette folie de passeport vient d'être abolie en Norvége. Plus tard, la France, l'Angleterre, la Hollande, la Belgique, ont suivi cet exemple; en sorte qu'il est en perspective que les Allemands (avec leurs bons amis les Danois) seront les seuls à jouir de cette antiquité comme de tant d'autres.

tés? Ces soi-disants représentant de la nation, quelle était la nation qu'ils re-présentaient? Etait-ce la nation française, ces trente-six millions qui habitent la France? Nullement, nullement! C'était, avant la révolution de juillet, 80,000 ; après, 180,000 individus riches, conjointement avec les employés du gouverne-ment. De quel front osera-t-on appeler ces messieurs la nation française? C'était une oligarchie, ou, ce qui est le pire de tout, c'était une plutocratie (1). Et même cette plutocratie, qui s'appelait la nation française, n'avait le droit de choisir ses représentants que parmi environ 20,000 individus qui en étaient les plus riches. Voilà ce que c'était que la Chambre des députés. Au contraire, le Corps législatif, vous le savez, est une représentation qui repose sur la base la plus large possible, sur le suffrage universel. Et vous vous étonnez que le Corps législatif ne puisse pas avoir les mêmes attributions qu'avait la Chambre des dé-putés? Mais rien n'est plus simple, plus facile à comprendre. Expliquons-nous!

On peut bien faire la distinction entre l'intensité et l'extension de la liberté civique ou politique, en disant que plus est large la base sur laquelle repose le système de représentation, plus l'extension de la liberté civique est grande ; et plus sont grandes les attributions confiées à la représentation, plus l'intensité en est grande. Pendant la Restauration, la liberté civique n'avait que peu d'exten-sion, puisque la représentation reposait sur une base très-restreinte, les votants n'étant que 80,000 individus ; pendant la monarchie de Juillet, la base étant un peu élargie, puisqu'il y avait environ 180,000 votants, l'extension de la liberté civique était un peu plus grande. A présent l'extension de la liberté civique est la plus grande possible, puisque la base de la représentation est on ne peut plus grande, les votants étant, par le suffrage universel, toute la population mâle et adulte de la France, c'est-à-dire 8 à 9 millions d'individus. Mais, par contre, pendant la monarchie de Juillet, l'intensité de la liberté civique était plus grande qu'à présent, les attributions de la Chambre des députés étant plus étendues que celles du Corps législatif.

Ces notions fondamentales établies, il ne sera pas difficile de comprendre que l'extension et l'intensité de la liberté civique doivent nécessairement se rapporter l'une à l'autre, en *raison inverse*, c'est-à-dire que plus la base de la représenta-tion est restreinte, plus les attributions qui peuvent lui être confiées doivent être étendues, et que plus cette base est large, moins ces attributions peuvent être étendues. Je ne pense pas que cette assertion ait besoin d'être prouvée, car l'histoire de tous les siècles s'en est chargée. Au moins les partisans du gouver-nement parlementaire n'en exigeront pas la preuve, puisque cette supposition est pour eux comme l'unique raison de restreindre la base de la représentation selon un cens et selon des catégories.

Ce serait une question, si l'intérêt de la liberté civique en général n'était mieux servi lorsque toute la nation exerce une influence aux affaires publiques plus restreinte que lorsqu'une minorité en exerce une plus grande, vu que ce dernier ordre des choses serait toujours plus ou moins rapproché d'une oligarchie. Pour la France, ce n'est pas du tout une question, parce que l'égalité civique y est réclamée par tout le monde. Demandons maintenant à la nation française ce qu'elle aimerait le mieux : une base de représentation restreinte, selon un cens et selon des catégories quelconques, et des attributions de la représentation

---

(1) Permettez-moi cette expression grecque pour désigner ce qu'on appelle autrement l'aristocratie de la richesse.

les plus étendues possibles ; ou, de l'autre côté, le suffrage universel et des attributions de la représentation nécessairement plus restreintes ? Eh bien ! même si
l'on présume que l'oligarchie ou plutocratie antérieure était la plus égoïste du
monde, ce qui n'était nullement le cas, puisqu'elle a voulu elle-même un élargissement de la base de représentation, mais même dans cette supposition, il
n'y aura que 180,000 individus bien égoïstes qui nous répondront qu'ils pré-
fèrent la première condition. Mais, certes, on n'entendra pas ces voix, parce
qu'il y aura 8 à 9 millions, c'est-à-dire toute la nation française, dont les voix
les étoufferont en réclamant le suffrage universel.

Vous ne pourrez pas m'attribuer l'opinion que cette forme de gouvernement
serait applicable à toutes les nations. Car toute ma démonstration tend à prouver
seulement qu'elle est la meilleure, même la seule possible, pour la France, et
l'histoire de la France, depuis la grande révolution qui termina le dix-huitième
siècle, en prouve la nécessité absolue. Cependant, je pense qu'il y aurait aussi
d'autres nations qui, si elles avaient à recommencer, préféreraient le suffrage
universel pour point de départ. — Point de départ ? Comment faut-il entendre
cela ? Oui, ce sera bien le point de départ, parce qu'il y aura un développement.
Expliquons nous : le point de départ du développement constitutionnel, en Angleterre, c'est la plus grande *intensité* de la liberté civique. Voilà pourquoi toute
réforme en Angleterre a toujours tendu et tend encore à un élargissement de la
base de représentation. En France, au contraire, le point de départ du développement constitutionnel étant le suffrage universel, c'est-à-dire la plus grande
extension de la liberté civique, toute réforme tendra désormais à une augmen-
tation des attributions du Corps législatif. En d'autres termes : en Angleterre, il
y a un développement constitutionnel qui, partant de la liberté civique, tend à
l'égalité civique ; en France, au contraire, il y en a un qui, partant de l'égalité
civique, tend à la liberté civique. Quand la France sera arrivée jusqu'à ce
point, où le Corps législatif aura les mêmes attributions que la Chambre des
communes en Angleterre, et où, de l'autre côté, l'Angleterre sera arrivée jusqu'au
suffrage universel, alors ces deux formes de gouvernement auront accompli leur
développement, étant à peu près égales.

Ces idées sur le développement constitutionnel de la France, je les avais
expliquées, quant à leur substance, et en partie dans les mêmes termes, dans un
article de journal (1), qui fut publié à peu près quinze mois avant la publication
du décret du 24 novembre 1860. Eh bien, je ne pense pas que personne soupçon-
nera que moi j'aie été appelé au conseil impérial, ni que l'Empereur, non plus,
s'occupe de la lecture de journaux écrits dans la langue norvégienne. Mais
aussi personne ne contestera le frappant accord qui a lieu entre les mesures
prises par le décret du 24 novembre et les idées que je viens d'expliquer. Si
l'auteur, se fondant sur cet accord, croyait pouvoir prétendre à un peu de confiance en l'exactitude de ses observations et en la justesse de ses aperçus, peut-
être ne s'en formaliserait-on pas trop. Du reste, que l'Empereur, en effectuant
ce développement, ne procédera que successivement, pas à pas, et avec la plus
grande prudence, voilà ce que l'on peut attendre de sa sagesse. S'il agissait
autrement, il ne posséderait pas cette profonde connaissance de la nation
française, il ne serait pas le plus grand homme politique de notre époque ; bref,

____

(1) *Christianiaposten* (le *Courrier de Christiania*) du 3 septembre 1859.

il ne serait pas Napoléon III. Que des jeunes gens demandent cette précipitation, qu'ils la demandent avec toute l'ardeur impatiente de leur âge, cela se conçoit, cela s'est vu à toute époque, cela ne peut étonner personne. Mais lorsqu'une personne d'un âge mûr, lorsqu'un homme fait, un homme au seuil de la vieillesse, lorsque l'historien distingué, lorsque l'illustre auteur de la grande épopée impériale la demande, comment faut-il s'expliquer ce phénomène? Faut-il se contenter de dire : *Quandoque bonus dormitat Homerus?* Nous préférons l'expliquer par cette observation psychologique, qu'il est souvent extrêmement difficile, même à des esprits distingués, d'abandonner des idées avec lesquelles on s'est familiarisé pendant une longue suite d'années, idées qui ont servi de base à une activité d'esprit importante et qui se sont identifiées avec toute l'individualité spirituelle. A peine les esprits les plus distingués sont-ils au-dessus de préjugés de cette nature. Espérons pourtant que l'illustre historien, en réfléchissant mûrement, ne tardera pas à reconnaître le grand danger d'une précipitation. Si l'on considère la lenteur des réformes de la constitution anglaise, il ne faut pas s'attendre à une marche trop rapide du développement constitutionnel en France ; par une marche précipitée, tout pourrait facilement être compromis. Mais si l'âme de l'Empereur reste à son œuvre, la postérité la verra un jour acccomplie, et le Corps législatif de la France, élu par le suffrage universel, en possession des mêmes attributions que celles du storthing norvégien et celles de la Chambre des communes de l'Angleterre. Alors le principe de la souveraineté populaire célébrera son triomphe, et ce triomphe sera aussi celui des mânes de Napoléon III, que l'histoire présentera comme un héros incomparable.

Mais la France, pourquoi n'a-t-elle pas pris le même point de départ que l'Angleterre? Je pourrais bien tourner la question, en vous demandant, à mon tour : L'Angleterre, pourquoi n'a-t-elle pas pris le même point de départ que la France? Ce serait à vous de répondre à ma question ; en attendant, je répondrai à la vôtre. La France, pourquoi n'a-t-elle pas pris l'autre point de départ? Mais elle l'a bien pris, et les conséquences en ont été toujours des révolutions. En voulant faire des réformes à la mode anglaise, elle s'y est toujours méprise, et, au lieu de réformes, elle a fait des révolutions. M. Thiers, lui-même, s'est un jour mépris à cet égard, et il n'en a pas même profité, nous le voyons, pour apprendre à être prudent dans son langage. Il y a dans son discours un passage qui, en d'autres circonstances, pourrait bien être l'étincelle qui allumât une révolution. Mais la révolution est une chose bien déplorable, bien funeste. Fût-elle-même « la plus pure », la plus paisible, elle laisse toujours des traces bien lugubres, bien lamentables ; elle coûte du sang, même des larmes. Il faut donc chercher à les éviter. Mais comment les éviter? comment les rendre impossibles? L'Empereur en a bien trouvé la clef : c'est l'égalité civique, le suffrage universel.

La chose la plus importante, même la condition indispensable du succès pour celui qui a reçu la mission de bien conduire une nation dans sa carrière de développement, c'est d'en avoir une profonde connaissance. Mais c'est une chose difficile de bien connaître le caractère national, difficile pour tout le monde, mais encore beaucoup plus difficile à un prince, puisque celui-ci, même s'il vit au milieu de sa nation, ne peut jamais avoir ces rapports intimes avec le peuple par lesquels on acquiert, ordinairement, cette connaissance. Mais si un prince qui n'a pas vécu au milieu de sa nation, qui en a été éloigné pendant de longues années, fait voir qu'il a, malgré cela, su pénétrer profondément le génie de sa nation, alors il faut bien y reconnaître quelque chose d'extraordinaire. Et si, en même temps, la nation se trouve dans une de ces crises dans lesquelles toute nation, pour en bien sortir, a besoin d'être conduite par une main ferme et forte, alors cette profonde connaissance du génie de la nation, c'est le mandat par lequel le prince prouve la mission qu'il a reçue de la Providence.

Toute nation a une idée favorite qu'elle caresse. La nation française en a une bien belle, bien légitime, dont elle a fait son idole, à laquelle elle ne saurait renoncer; Napoléon III l'a reconnue, c'est *l'égalité civique*. Mais voilà ce qui était assez facile à reconnaître, puisque cette idée s'est fait jour dans toutes les manifestations du génie national, même dans des égarements insensés auxquels une partie de la nation s'est laissé entraîner, en la voulant étendre jusqu'à un domaine où elle n'est plus légitime, jusqu'à l'impossible. Oui, vous avez raison, c'est une chose très-facile à reconnaître, parce que c'est — l'œuf de Colomb.

Mais cette chose facile à comprendre, la Chambre des députés de l'an 1830 ne l'a pas comprise, puisque, en remaniant la charte, elle a conservé un cens et des catégories; ni Louis-Philippe ne l'a pas comprise, puisqu'il a repoussé les réformes; ni l'assemblée nationale de l'an 1851 ne l'a pas comprise non plus, puisqu'elle a abrogé, par la loi du 31 mai, le suffrage universel. Mais après le fait, tout le monde la comprend, parce qu'elle est, comme tout ce qui est *génial*, très-facile à comprendre. Non, je me trompe : il y a une famille qui ne la comprend pas encore, une famille qui n'a peut-être pas encore renoncé à l'espérance insensée d'être un jour appelée à gouverner la France ; cette famille, très-intelligente du reste, mais seulement la moins politique du monde, n'a pas encore, même après le fait, su comprendre ce que tout le monde comprend à présent, que l'égalité civique, que le suffrage universel est la condition indispensable à tout gouvernement en France, l'unique moyen d'éviter des révolutions. Non, elle n'a pas compris cela. En voulez-vous la preuve? La voici. Un membre de cette famille, et un membre dont elle s'est fait un organe, parle, dans une diatribe qui est datée du 15 mars 1861, « des mauvaises voies où s'est engagé le gouvernement actuel de la France », et auxquelles il oppose les institutions antérieures qu'il glorifie à chaque page.

Prince, que Votre Altesse Royale me permette de lui adresser la parole! Je vous estime, je vous respecte malgré vos préjugés, que je trouve assez naturels; je vous respecte parce que je vous crois de bonne foi, et je vous donnerai une preuve éclatante de mon estime.

Lorsque ma patrie, il y a presqu'un demi-siècle, se trouvait dans une crise dont elle devait sortir régénérée par de nouvelles institutions, un prince, estimé et aimé par une grande partie de la nation, prétendait pouvoir, par droit de succession, occuper le trône vacant alors. Après des remontrances faites en vain, tout le monde céda par dévouement, et dans les circonstances où se trouvait le prince, il n'était pas douteux qu'il pouvait, sans opposition de conséquence, soutenir sa prétention. Alors un simple professeur s'est présenté, et se trouvant tête à tête avec le Prince dans son cabinet, il lui dit : « Prince, vous n'avez pas d'autre droit au trône que je n'en ai moi-même »; et, la thèse ainsi posée, il la prouva, et il la prouva bien avec l'éloquence qu'inspirait la situation solennelle. Le professeur ayant fini son discours, le Prince lui dit en l'embrassant : « Je vous remercie, Monsieur, vous m'avez convaincu » ; et aussitôt il entra, avec le professeur, dans le salon où étaient assemblés les personnages les mieux accrédités du pays, devant lesquels il déclara que, le professeur l'ayant convaincu, il renonçait à toute prétention.

Prince d'une maison royale et illustre, celui qui se hasarde à vous adresser la parole, faisant ainsi usage du droit que vous avez, par votre publication, concédé à tout autre publiciste, ne prétend avoir ni l'autorité ni l'éloquence de son ancien professeur, M. Sverdrup, et cette langue dont il est obligé de se servir, et que vous savez si bien manier, lui est une langue étrangère, dans laquelle il ne s'exprime qu'imparfaitement, vous le voyez. Cependant j'ai foi en la vérité, et je crois m'être assez fait comprendre pour mettre au jour celle dont je me suis fait le modeste interprète. Et voici ce que j'attends de votre cœur : ayez le courage de suivre l'exemple de ce prince dont j'ai parlé ; déclarez, vous aussi, et déclarez-le publiquement, que vous êtes convaincu, que vous reconnaissez que l'égalité civique, que le suffrage universel est l'unique base de gouvernement possible pour la nation française, et que des attributions plus restreintes pour la représentation nationale en sont la conséquence nécessaire ; déclarez que vous reconnaissez encore qu'un prince qui a si bien su pénétrer le génie de sa nation doit être vraiment digne de succéder à une vieille maison royale qui, malgré toute l'amabilité de ses membres actuels, n'a pas su gouverner la France, et qui se voit maintenant réduite au triste sort des Stuarts et des Wasas. Reconnaissez tout cela, et cette reconnaissance ne vous sera que favorable. Oui, c'est un triste sort que celui des familles royales détrônées, car l'exil a toujours été leur inévitable partage. On n'a jamais su et on ne saura jamais les en dispenser ; la tranquillité de la patrie exige nécessairement ce sacrifice en retour des priviléges dont jouissent les familles princières en régnant. Les Stuarts et les Wasas ont subi cette nécessité comme vous la subissez. Mais il s'agit de la subir avec dignité. Or la dignité d'homme ne peut pas être mieux soutenue que par un prompt hommage à la vérité, et si cet hommage exige le sacrifice de l'amour-propre, on ne le demande qu'aux âmes généreuses, aux caractères élevés. La supposition que Votre Altesse Royale en serait capable est précisément la preuve d'estime que j'ai voulu lui donner.

Ayant reconnu la vérité, vous ferez vous-même la réponse à la question posée à la fin de votre brochure : « Qu'avez-vous fait de la France ? » Vous répondrez : L'Empereur a conduit la France, qu'il a trouvée engagée dans un labyrinthe sans issue, sur la seule voie par où elle peut arriver à son but, sur l'unique carrière solide sur laquelle elle peut se développer jusqu'à une liberté civique complète et durable. En attendant, il a calmé les passions qui la déchiraient ; il a avancé son bonheur, sa gloire et sa prospérité ; il l'a fait respecter par toutes les nations, il lui a fait reprendre parmi les nations l'attitude imposante qui lui appartient et qui lui sied si bien. Voilà ce que l'Empereur a fait de la France.

FIN.